JN438116

그리움은 거기에 있었네

서주열 5시집

도서출판 청옥문학사

그리움은 거기에 있었네

사랑의 경험이 쌓여질수록
정은 더 깊어지고
꿈은 자꾸만 쏟아지는 것

초롱초롱한 눈망울도
터질 것 같은 붉은 입술도
천번 만번 내게로 옮겨와
놀다 갈 동안
나는 보살처럼
가슴을 열어 놓는다

봐라

몇 십 년을 지금도 더
어울려 놀 수 있는
당신 앞에
듬직한 이 사내가 있었음을.

시집 작품중에서

●● 시인의 말

그리움은 거기에 있었네

인생人生이 살아가면서 희열과 보람을 느낄 때가 얼마나 있을까? 못 보면 그리워지고 보면은 사랑하고 싶어지는 사람, 그런 사람이 주위에 있어준다면 얼마나 행복해 질까, 늦잠을 자면은 깨워주고, 보고 싶다하면 달려오고 옆에 있으면 웃어주는 그런 사람을, 봄밤에 꽃잎 날리는 공원을 걸으며 달 밝은 가을밤 시詩 한 수 읊어 줄 그런 사람을 옆에 두고 있으면 참으로 좋겠다.

지긋해진 나이에도 마음이 오가고, 가슴에 설렘을 주는 그런 여인이 옆에 있어 준다면 세상 사람들은 멋있게 살고 잇다고 말을 해 줄 것 같다.

가을밤 뒤란에 꿀밤 널지는 소리에 귀 기울이는 오두막집이라도 뜨신 방에서 귀여운 여인과 포근한 정 실리는 소곤소곤함으로 깊은 줄 모르는 그런 가을밤에 있어 줄 여인이면 얼마나 좋을까.

이제까지 많은 세월을 살면서 그런 여인을 생각 해 보았었는지, 그런 여인을 위해 무엇을 해 왔는지를, 그래서 이제까지 모아온 연시戀詩를 시인은 그 여인女人에게 안겨 주는 것이다.

2013년 9월 가을 문산서실에서

문산 서 주 열

차례

제 1 부 진실된 사랑

제 2 부 기다리는 마음

제 3 부　자운영 꽃밭

제 4 부 보고 싶어요

제 5 부 오늘도 당신

제 1 부

진실된 사랑

처음처럼

우리가 처음으로
남산에서 만났을 때
세상을 다시 보았습니다

언제나 가슴속에 그리고 있던
순수한 내 사랑을 찾아낸 그날

순간마다 연인으로
느껴지던 황홀함은
시도 때도 없이 그렇게
사랑하고 싶어진 사람

색이 바래어가도
욕심 채우지 않고
우리 그날 만남을
언제나 처음처럼
당신을 가슴에 담아
두고두고 사랑하고 싶습니다.

그런 사람

항상 설레는 모습으로
언제나 웃어주고 싶은
그런 사람 있습니다

가슴에서 뿜어져 나오는
뜨시운 마음으로 두 손을
잡아주고 싶은 그런 사람 있습니다

날마다 문자 메시지 보내면서
내일 만나자고 그래놓고
그 단시 참지 못하고서
지금 다시 만나자는 그런 사람 있습니다

시도 때도 없이 너만 보면 좋겠다는
그런 말 해주고 싶은 사람 있어도
가슴에 쌓인 마음 다 펴내주지 못해
안타까워하는 그런 사람 있습니다.

그리운 가슴

그리워하다가 마침내
터져버린 가슴보따리
이제는 깁을 수가 없네요

지난세월 곰 삭여 놓은
달콤한 그 사랑들처럼
강물은 붉게 물들여서
저녁노을로 절정을 이룹니다

항상 그리워해요
너무나 보고 싶어 했어요
아니 눈물만 흘러내리고 있어요
그래서 죽도록 사랑합니다

지금은 놓쳐버린 당신이기에
기다리다 다시 지쳐서 인지
온 가슴이 재가 되어 가고 있어도
당신을 기다리고만 있습니다.

그리움

그리워지면 백양산에 올라
그녀가 있는 해운대를 보며
문자 방송을 보내려는데
휴대폰에 매달린 채 끌려나오는
충전기가 나를 들여다본다

지난 늦가을 다자회가
경주로 문학기행 갔을 때
차안에 던져버린 고장 난 그녀의
핸드폰 충전기를 주어 들었다

보석인양 손에 들고 들여다보다
하얀 뚜껑이 왠지 안쓰러워서
검정으로 된 나의 충전기에 끼워보니
흑백이단으로 된 초유의
음양 신제품이 탄생되었다

아른거리는 그 사람이
눈앞에서 그리움으로 다가오면
진솔한 마음을 소복소복 담아
휴대폰 문자에 실어 보내는
나만이 설레던 그날들이여.

남기고 싶은 말

한 해가 저물어 가던 날
한편의 영화를 보았는데

보일 듯이 그려지는 심상心想들
알맞은 계절의 사연들이 넘실거린다

어느 누군들 가슴 아픈 사연
없지 않을 사람 있을까 만은
마음을 열지 않으면 알 수 없는 것

지금까지의 소중한 글들을
가슴에 새겨주고 싶어진 마음이
이처럼 울컥한 생각으로 와 닿는데

이제는 시詩속의 주인공처럼
눈물 없이 읽을 수 없는 연시戀詩를
당신가슴에 새겨주고 싶다.

당신만 있다면

나는 당신이
이 지구상에 있다고 생각하기에
온 천지가 아름답게 보입니다

봄이면 두견화 피고
가을이면 붉은 단풍에 불을 질러
정신없이 지나가는 하루하루이지만
그래서 기다려지는 당신입니다.

메시지를

여태까지 당신에게 보내려던
그리움의 메시지를 모았다가
이제야 휴대폰을 열어놓고
메시지들을 꺼내보고 있어요

어쩌다 발송 하지 못해
쌓여진 그 분량들을 헤집어 보면
지금도 항상 잊지 못하게 하는 것은
아무리 생각해도 끓는 가슴이
가라앉지 않기 때문입니다

당신이 내 가슴에 박혀있어
아직도 살아있음은 설레기만 한데
그래도 당신에게 보내야 하는 이 메시지들

행여나 당신의 그 휴대폰번호가
어쩌다가 지워질까 두려워져서
하루하루가 이렇게 애를 태웁니다.

바다처럼

내가 가고픈 곳은 수평선이 보이는 바다
언제나 당신은 내게 그런 사람입니다

항상 그렇게 가고 싶은 건
그냥 한번 해본소리가 아니니
오지 못할 것이라고 하지마세요
한 발짝 한 발짝씩 지금부터
당신을 향해 움직이고 있어요

내가 가는 그 길에 설마 당신이
돌아선다 해도 절대로 내 마음은
변할 일이 없을 거예요

돌아서면 돌아서는 대로
멀어지면 멀어지는 대로
한 걸음 한 걸음 무작정
당신을 향해 걷고 있으니
이 가슴 닿을 때까지 기다려 주세요.

발렌타인데이

어제 밤 초콜릿을 주고 간
마음이 선 한 그 여인은
가벼운 걸음으로 잘 들어갔는지

밤을 지새온 지금도 자꾸만
앞가슴이 설레어 오는데
그 가슴은 어이 하고 있을까

억 만금 보다도 더 뒤 흔드는 것은
작은 봉지하나 초콜릿의 감미로움처럼
그녀가 가슴에 풍기고 간 마음의 정

닳을세라 흘릴세라 애지중지 하는데
머리 긴 그녀의 가는 뒷모습 보고나니
아니 생각날 수 없는 설레는 가슴.

봄엔

꿈에도 못해보던 일들이
사랑으로 변해버린 줄을
이제야 알았지만은

절대로 그런 작정은 안했습니다

그 때문에 봄빛에 시달려서
생각도 하지 못한 사실 때문에
내 입술 민들레꽃처럼
하얗게 야위어만 갑니다

선 붉은 핏줄이
이 사람의 가슴에서
봄빛에 타고 있는 것은 다
사랑하는 당신 때문입니다.

사월입니다

처마에서 떨어지는 빗방울들이
옥구슬처럼 고운소리를
들려주는 이 아름다움은

오늘 당신이 내게 주는 사랑이지요

그래서 이 비는 기름처럼
마른 땅을 촉촉이 적셔주어
심령에 부어주는 영혼의 샘물입니다

매끈한 나무는 내의만 입었는데
이제 막 맺기 시작한 꽃 몽우리에는
다시 단비가 송알송알 내립니다

이 비 그치고 나면 새로 오는 햇살은
당신의 체온처럼 항상 알 수 있듯이
언제까지나 늘 따스했었답니다

이제는 저녁노을로 당신을 생각하며
언제까지나 처량하게 한숨 짖지 않는
그런 사월이면 참으로 좋겠습니다.

민들레 사랑

항상 붐비는 육교아래
깨어진 보도 불럭 틈새에서
봄 오면 자리 깔고 앉아
임을 기다리는 민들레의 신세

가랑비가 볼을 헹구어도
바람이 가자고 등 떠밀어도
일편단심 바라보고만 있는 저 육교

아침부터 온 종일 시리도록
눈 붉혀서 기다렸어도
기다리는 그이는 오지를 않는데

그래도 기다리다 지쳐만 가서
지금은 슬픔으로 야위어만 가는
저 민들레의 하얀 가슴.

어쩐다지요

내 갔다 올게요
나 없다고 울지 말고
밥 잘 먹고 있어요

그 사람이 타이완에 다녀온다고
어제저녁 인천공항에서
벨소리로 보내온 문자 메시지

가슴이 쿵 울리는데요
이럴 땐 어쩌나요
당장 쫓아가 안아버리고 싶은
당신인데요.

순간을 정지시키며
가슴에 설렘을 주는 그 비법이
어떻게 이리 돌아오는지 모를 일이지만

이러다 당신 오기 전
요절이 날 것만 같은데

어쩌지요
어쩐다지요
밤마다 기다려져야 할
당신인데요.

오월이면

시도 때도 없이 당신을 생각하면
모란꽃이 지고 장미꽃이 피어납니다

울컥거리는 가슴속에서
당신을 그려보고 싶어지는 마음을
가라앉힐 수가 없네요

먼 산을 보고 있으면 넋 나간 줄 알고
지나가는 사람들이 쳐다보고 갑니다

어찌하다 정신이 되돌아오면
신대륙을 찾아낸 탐험가처럼
그리움으로 다가오는 당신인데

화려했던 오월의 장미꽃들이
한잎한잎 바람에 날리고 있으니
당신을 잡으라고 봄이 말을 합니다.

진실 된 사랑

두 번 오지 않을 것 같은
진실 된 생각에서
그리워하는 만큼의 슬픔을
안겨준 당신을
아직까지도 사랑합니다

절대로 모르는 사랑이 아니지요

당신을 사랑하는 나는
생각보다 보잘 것 없는 줄 알면서도
항상 부족한 모습 보이지만
영원토록 내 가슴에 각인 시키고 싶은 마음에
생명이 붙어있는 그날까지
당신을 사랑해야 할 내 입니다.

구포의 밤

봄비 내리는 구포의 밤거리
그 사람 손잡으면 몸도 마음도
구포다리 함께 찾는다

한 방울도 맞지 않는다던 다짐은
시간이 흐르면 바지자락 젖어오고
마음까지 따라 젖는다

잡은 손 내려놓으면 어깨에 걸리는데
힘 실리는 발자국소리 정겨움은
이슬비에 조여지는 그녀의 숨소리
들키어도 발걸음은 가볍다

사방으로 뻗어가는 차량의 불빛들이
구포의 네온불과 만나는 환상의 꽃불들 속에
밤 마실 나온 낙동강의 불 그림자들이
당신과 나를 무지개로 엮어주는 구포의 밤.

제 2 부

기다리는 마음

그날 밤

너를 보낸 그날 밤 뒤 돌아서려는데
왠지 발걸음이 터벅거리는 것을 알고
내 마음을 들킨 것을 알았다

마주앉아 바라보던 그 순간
어쩌면 온 가슴 설레게 하는 것은
세상이 온통 나를 위한 것 같아
두 주먹이 불끈불끈 솟았다

지나버린 그 세월 속에서
많은 사람들을 헤아려 보았지만
눈빛을 별빛으로 튕겨 주는 너는
무슨 조화를 부리는지 알 수가 없구나

보고 싶다 희야 너를 보내고 나니
내 가슴에 네가 들어앉아 있는 줄 알았는데
알고 보니 내 가슴이 자꾸만 허전해지는걸 보니
너의 눈 속에 들어있는 내를 알고서야
펌프질 멈추려는 이 심장을 달래고 있다.

그리움은 거기에 있었네

사랑의 경험이 쌓여질수록
정은 더 깊어지고
꿈은 자꾸만 쏟아지는 것

초롱초롱한 눈망울도
터질 것 같은 붉은 입술도
천번 만번 내게로 옮겨와
놀다 갈 동안
나는 보살처럼
가슴을 열어 놓는다

봐라

몇 십 년을 지금도 더
어울려 놀 수 있는
당신 앞에
듬직한 이 사내가 있었음을.

기다리는 마음

당신이 보고 싶어요
그래서 불러 봅니다

기다리면 외로워지고
보고 싶으면 눈물이 흐르는데
그 눈물로 씻은 당신의 모습이
참으로 아름답습니다

어찌해야 합니까
기다리고 있을까요

생각하면 가슴이 타들어가도
언제 올 줄 모르는 당신이기에
기다릴 수만 있을런지요

그러다
당신의 이름 잊혀 질까 봐
그것이 자꾸만 겁이 납니다.

기다림

운무에 쌓인
백양산을 보다가

필름처럼 돌려보는
지난 그 시절

방긋한 그 얼굴이
언제 쯤 일까 만은

출렁이는 가슴에
새기는 수줍은 마음

지선이 기다리는 사연은
사랑만 같구나.

꿈에

오늘밤
그 시간에
행여나
우리 님이 오시거든

붙잡아 놓고서
꿈이라 하지 말고
나를
꼭 깨워주소.

눈 오는 날

당신을 그리워하는 날
하얀 눈이 펑펑 쏟아집니다

첫눈이 오는 날 사람들은
사랑하는 여인을 만난다는데
우리도 그럴 수가 있을까요

사랑하는 것이 이렇게 힘이 드는데
당신을 보고나면 봄 눈 녹듯이
그리움이 사라지고 말 것 같지만
어쩐지 가슴이 더욱 아픕니다

지난 날 잡아주던 두 손은
식지 않고 아직도 뜨시어서
지네들끼리 손잡으려 하는걸 보면
왠지 가슴이 아린답니다

지금 내리는 이 눈이 그치기 전
머리에 하얀 눈 덮어 쓰고서
저벅저벅 걸어오는 당신을 품는다면
천년이라도 무한정 놓지 않을 손인데
그것은 다 당신을 사랑하는 까닭입니다.

당신을 만나면

내가 당신을 만나
서로 안고
안겨주는 것이
사랑이라면

꽃피고 새가 노래하는
저 언덕너머로
온 종일 함께 걸을 수 있는
그곳으로 지금
떠나고 싶다.

당신을 생각하면

당신을 생각하면
자꾸만 그리워지는 것은
눈길이 가는 그곳으로
마음도 따라 나서기 때문입니다

이 일을 어찌해야 할지 알 수가 없는데요
돌아서면 그립고 못 보면 가슴 타는데
그러다 타는 가슴 움켜쥐어야 합니까

당신이름 보고 있으면 글자들이 춤추며
당신의 기다란 목을 끌어안으면
당신이 굴러오는 아름드리 꽃이네요

이리되면 병이랍니까
이리하면 사랑입니까

아무리 생각해도 혼자는 풀 수 없기에
당신 앞에 내 마음을 이제 털어 놓으렵니다.

별을 보고

솟아오르는 생각이
항상
가슴에 머물러야
밤하늘에 별들처럼
초롱초롱 깜빡거릴 텐데

이제야
그걸 알고 나니
혼자이던 내 마음이
당신을 그리워합니다.

소중한 사랑

내미는 당신의 손길이
사르르 가슴을 파고들면
어느새 나도 모르게
순간을 멈춥니다

흐느낌으로 길들여져 안겨지는 몸
당신의 발걸음 닿는 곳마다 나 또한
함께 머무르고 싶습니다

심장 소리 내 가슴에 그대로
뜨거운 핏줄에 옮겨줄 때
애태우던 그리움 달아올라
내 입술 그대 입에 담그고 싶습니다

당신 앞에서 눈감으면
작은 소리로 다가오는
가랑비 같은 소중한 사랑입니다.

어쩌나요

밤이면 왜
지난날들이
울컥울컥 솟아납니까

별을 헤아리다
지난밤을 새웠습니다

나만이 애태우고 있는데요
그럼 잘못인가요

이럴 땐 눈물만 흘립니다

돌이켜 보면은
모두가 다 이리 된 건
당신 때문인걸요.

오솔길

돌아돌아 가는
동서대 오솔길을
온종일 걷고 싶다

잡힌 손 붙들려서
보고 가는 숲속은
발걸음이 정겹다

올 때 마다
걸음걸음 쌓이는 정
적막 속을 가득 메우니

그대위해 찾는 이길
뛰던 가슴 그대로다.

유월의 밤

유월이면 피는 밤꽃
물큰한 향 때문에 은근 슬쩍 찾아와
본시 그러는 것이라고 능청을 떤다

그럼 지금 당장이라도
오늘밤 만리장성을
쌓아 보자는 말인가

청명한 초여름 밤
별이지는 유월의 새벽은 밝아오는데
밤에 지고 이슬에 젖어 비려진 몸

지난밤 순간순간 뒹굴어
젖은 밤꽃은 먼 산을 보며
허전히 쓴 웃음 혼자 짓는다.

짝지

너와 내가 어쩌다가
삐꺽이는 소리로 갈라선 이후
무너져버린 참사랑

볼트와 너트는 본시 하나라고
앙살 부리던 다짐도 한 순간
우리사이 헐거워 질 줄이야

허전한 아쉬움은 오늘도
가슴에서 마냥 안달을 해도
세월은 못 본체 놔두고 간다

그러다 한순간
길바닥에 내동댕이 처져
녹물 토해내는 몸
지나버린 허탈 속에
쓴웃음을 지을 줄이야..

첫눈 오는 날

첫눈 오는 날
만나는 사람은 사랑을 한다기에
눈을 기다리는 사람들
처음 가는 청와대 길에
눈보라로 퍼 붓는다

달리는 관광버스 옆 좌석에
기대어오는 한 여인
눈에서 눈물이 흘러
눈 속에 눈물이 흐른다

눈 내리는 창밖을 보며
내 눈 받아라
내 눈도 받아라
주고받는 눈싸움에 움켜쥐는 두 손

가는 눈에 오는 정이
눈사람만큼 커진다.

첫눈이

눈이 온다
눈이 내린다
세상을 덮어버린다

마당과 들판
내 마음에도
하얀 도화지가 된다

당신과의 마음
하얗게 덮어버린 기억을
다시 그리라 한다

그럴까요
그릴까요

이제 그 시절의 당신을
하얗게 다시 그려 볼까요.

제 3 부

자운영 꽃밭

가을에는

가을에는 심장이 탄다
가슴에 스며든 그 여인이
불을 지폈기 때문이다

단풍을 재촉하던 산바람이
옆구리를 감싸고 돌때도
서석거리는 억새밭에서도
나에게 연가를 부르고 있다

오늘도 그녀의 눈망울은
호수처럼 일렁거려서
내 마음을 불질러놓고선

어쩌지요
그녀가 날마다
나의 핫바지를
훨훨 태우는데요.

그 사람

그 사람이 온다했다
만덕터널 뚫고서 온다했다
설레던 가슴이 일렁이는데
지금은 입술까지 반가워 해 댄다

생각하면 그리워지고
보고 있으면 기분 좋은 사람
그러다 돌아서면 보내놓고
안타까워서 혼자 후해하며
가슴 쓰린 그런 사람이다

그런데 그 사람이
내일이면 꼭 온다했다
환한 웃음 가슴에 안고서
눈망울 터트리려 내게 온다고 했다

어쩌다 자기를 만난 것이
행복인지 안타까움인지 알 수 없지만
이런 설렘을 주고 있는 것을 보면은

언제부터 자기는 알고 있었느냐고
작은 소리로 한 번 물어볼 것이다

그 사람이 내일 정말로 온다면
자기도 알고 있었다고 말 한다면
꼭 한 번 마음먹고 졸라 볼 거다
천 년이라도 함께 둘이서 가보자고.

그 시절

물결치는 초록으로
작열하던 태양이
어느덧 삼십년이다

펄펄한 신혼 초기
고요한 기쁨 속에서
구둣발 소리로 저벅저벅
초인종 불러내던 젊은 사랑

가치관으로 당하면
절대 안댄 다고 하던
선배의 고마운 조언에
그 사람과 낭비해버린 아까운 세월들

아쉬움에 돌아보는 지난날
당신의 피식 웃음에
나 또한 후회가 다시 또 웃는
우리는 반백의 영원한 동반자 사랑.

늦사랑

가까이 다가오는 사람이 있어
가슴이 설레어 지는 것인데
어쩐지 자꾸만 주위를 살펴진다

지난날 열정이 가슴을 들끓었어도
인내라고 하면서 참아온 것인데
지금 내가 왜 이러는지 알 수가 없다

볼수록 마음이 깊어가는 사람이지만
아니라고 고개 돌려 보아도 소용없이
뒤에 눈이라도 있었는지 더욱 설렌다

이제 어찌하랴 헝클어진 이 마음을
아니라고 할 수 없어 가슴만 녹이는데
아무래도 이런 것이 늦사랑인가 보다.

동백꽃

설한에 불 켜서
빨갛게 익은 입술
굳게 다물었는데

발자국으로 오는 임에게
드러낸 입속은
노랗게 웃는다

보내지 않을 임이라서
푸른 이파리마다
얼룩얼룩 새긴 나날들

천년으로 아는 사랑을
잊으라 하니 동백은
가슴이 터진다.

부치지 못한 편지

추적추적 내리는 가을비를 보면은
자꾸만 당신이 보고 싶어지는데
이럴 땐 이 사람은 어찌해야 합니까

아침에 솟아오르는 해를 보아도
저녁에 뜨는 반달을 보고 있어도
당신에게로 달려가는 이 마음은
부치지 못할 편지만 씁니다

새들이 노래하는 숲속을 걸어도
갈매기가 나는 백사장을 걸어도
내 앞에 나타나는 당신 때문에
소중한 사랑을 이제야 알았습니다

이 세상 그 어디엔가 당신이 있다기에
무한한 사랑을 할 수 있어 좋아 하면서도
행여나 오래된 당신을 잊어버릴까봐
그것이 자꾸만 안타까워질 뿐입니다.

슬픈 건

보이고 안 보이는 것들은 마음이 알아서 하지만
멀리 가버려서 보이지 않는 나의 것들

사라진 것이 그냥 나만의 것이냐고 물으면
얼른 대답을 못하고 망설이고 있겠지만
있고 없음은 모두가 본시 자기 것이 아닌 것

시원한 정자에 앉아 앞을 바라본다
지나가는 한줄기 바람결이 벌판을 달린다
쉬었다 가라고 막아보고 싶지만 그럴 수가 없다

태어나고 살아가다 부닥치는 인연들
수명이 다 하면 가고 스러지는 것
그런 아픔은 누구나 한번쯤 다 있는 법인데

이제는 챙길 것 챙기고 버릴 것 버리지만
지금도 한없이 울고 싶어지는 것은
그때 그 사람을 보낼 때의 그 슬픔이었다.

실내온도

여름엔 에어컨이
겨울에는 보일러가
우리 집 실내온도 당번이다

덥지도 춥지도 않는
봄 가을이 최상이지만
집집마다 성향은 다르다

잘난 석유가
천정을 모르고 치솟는 바람에
겨울은 20도
여름은 26도라고
T V가 교육을 시킨다

우리 집 실내온도는
여름은 내가 지키고
겨울철 36.5도로
자기야가 지킨다.

옆자리

어쩌다 한쪽이 비어있을 때
그 자리 메워주는 당신이 없으면
자꾸만 옆자리가 시리어 온다

여름이면 어떠랴
가을이면 어떠하랴
눈보라치는 설한이면
시린 병이 다시 오는데

앞가슴 허전해지면 두 가슴 비벼대며
콧잔등에 송알송알 부채질 바람으로
그렇게 살아온 지난세월들

지나온 날들이 항상 그러했듯이
언제나 새벽에도 밤을 찾는데
눈감으면 아른거리는 지나온 추억들

항상 고마워요
옆자리 지켜주는 사람아
당신은 그래서 나의 반려자

챙겨주는 고마움에
당신가슴 품고 있은 마음은
그것이 봄날 같은
옆구리 사랑입니다.

왜 그랬을까

생각하면 꿈 이었네
잊으려니 아픔 이었네

왜 그랬을까
돌아서다 못 들었을까

그 때 그 사람이
참말이라고 하였었는데.

왜 그런지

당신을
보고 있으면
왜 그런지요

그냥
눈도
입도
왜 그런지요

손도
발도
움직일 줄 모릅니다

이리 된 건 모두가
다
당신 때문입니다.

이두화

영취산 자락에
해마다 계절이 내리면
봄 여름 가을 겨울에도 꽃핀다

손 내밀면 잡힐 것 같은 산사에서
보내는 풍경 소리 먹고 사는 이두화

나름세라
손 탈세라
지나가는 개미도 넘어다보는
소꿉대문 열고 닫는데

오고가다 보는 것은 허락해도
만지면 어쩔래요
그 사람 고개 들어 환히 웃고 있는 곳

영취산아래 이두장.

자운영 꽃밭에서

아지랑이 불러 초록으로 물들이고
들녘 풀 내움으로 소꿉놀이 하면
자운영 밭에서 들리는 작은 소리들

자운영 시계 만들어 들고서
상기된 얼굴로 지영이를 찾아
손목에 채워주려 달리던 날

너를 닮은 자운영들이
꽃 보라 일으키는 실바람에
너랑 나랑 뛰고 놀아
뒹굴고 엎어지던 그날들

출렁이는 자운영 꽃들이
뚝뚝 뚝 여린 목 떨어뜨릴 때
지영이 와 영글어 가던
보랏빛 추억의 그날들이여.

첫눈이 오는 날

서울 가는 차창 밖에
내린 눈이 하얗게 쌓였다

무었을 가리고 싶어
밤새도록 하얀 이불
저리도 덮어쓰고 있을까

달리는 차창 안 일행들은
밖을 보면서 서울의 행사일로
소곤소곤 귀를 간질이고 있다

눈싸움 하던 어린 시절
눈웃음으로 달려오던 그녀에게
첫눈으로 적셔주던 그날의 모습

그날
눈 오던 그날
하얗게 쌓여지던
너와나의 추억의보따리
밤새 저리 모아놓았을까

지난날의 추억을 꺼내보고 싶어도
옆에 있는 한 여인 때문에
창밖을 보고만 있어요.

무너진 사랑

꿈에서도 찾던 사람이라서
한없이 그리는 젊은 사랑이기에
천년을 살아갈 작정이었다

찔레꽃이 하늘거리는 날
푸른 오월의 하늘하래서
설레던 가슴으로 당신을 품으면
천하를 거머쥐는 장부가 되었다

생명이 있는 날까지
죽도록 사랑하리라 했건만
한순간 어쩌다 우리 사이에
등 돌려 보게 될 줄이야

유월의 밤 비바람에 떨어져
이슬 맞은 비린 밤꽃이 되고
장마철 비 맞은 암탉처럼 처량히
젖어있을 얼굴을 생각 해 보면
한없는 안타까움에 어찌 할 줄 모르지만

그래도 어쩌면 혹시나
다시 또 만나 볼 수 있을 것 같아
그것이 겁이 납니다.

첫사랑

덤불에서
무덕무덕 부풀어 오르는
찔레의 사랑

하얀 눈 흘림을
훔치다 찔린 입술

“뚝뚝 뚝”
빨갛게 우는 사랑

아린 손가락 깨물어
눈물 삼키면

오월이 길게
진 가슴 바로 적신다

그것이
나의 첫사랑 이라고.

제 4 부

보고 싶어요

만덕의 가로수길

뚝뚝 뚝 우수수
그 많은 이파리들이
노랗게 쏟아져 내리는
만덕의 은행나무 가로수길

널려진 낙엽이 가여워서
한 걸음 멈춰서다 다시 또
두 걸음을 옮기려 하는데

굽어진 모퉁이에서
앞으로 스카프 날리며
걸어오는 다리 긴 그 여인

은행잎 보라 속에
그 사람과 발맞추면
만덕의 가을은 자꾸만
우리들을 거두어들인다.

고추잠자리

팔월의 고추잠자리들이 한가로운 날
초등학교 짝지가 전학 가던 마음이다

스칠 땐 미소로
눈빛이 먼저 응하고
못 보면 가슴으로 찾던
기분 좋은 사람 떠났다

메시지 보내면
꼬박꼬박 챙겨서
가슴에 설렘을 주더니
지금은 그저 허전함 뿐이다

보내준 마음에선 찾고 있지만
그녀를 기다리는 눈은 동그랗기만 하다

고추잠자리 날면 자주 올 거라고
손도장 찍어주고 간 그 사람인데.

그 여인

잘 들어 가셨데요
그 단시 보고 싶네
만나고 헤어지면
뒤따라오는 그녀의 휴대폰문자

모임 때 마다 그녀를 찾는 버릇에
어디에 있는지 잘 보이려고 않는다

어쩌다 눈빛이 마중을 나가면
오빠야 하는 비음소리로
가슴 후비어 놓고서는
초저녁 돌담 속에 거시기 마냥
서치라이트처럼 빨려 들어가는 마음

볼우물 하나만 파놓고
내 마음 무한정 퍼 담아가는데도
그녀를 보고만 있는 용기없는 대책은
어찌해야 하나요.

그 친구

내게 힘든 건 항상
몸보다 마음이어서
오로지 너를 생각함은
오늘도 힘을 얻는다

필을 드는 시간에도
너 있을 곳에 주파수를 던지는 더듬이는
물오른 죽순처럼 뒤굽을 든다

배려를 챙기지 못한다던 내가
너에게는 순간도 놓치지 않는
해바라기가 되는데

언제나 눈시울이 너를 부르면
항상 달려오는 고마움에
오늘도 그리워 하고 있는 너.

당신은

나에 가장 소중함은
바로 당신입니다

당신이 있음으로
항상 빛나는 소중함은
새로운 세상으로 열립니다

오늘도 그런 세상 속에
나 또한 그러함을 바라며
언제나 미소 짓는 눈으로
바라보는 당신입니다

항상 생각하는 당신이지만
어쩔 땐 챙기지 못 해도
절대로 잊지 마세요
나에 가장 소중함은
바로 당신뿐입니다.

별

어둠이 무너져 내리는 밤
구름까지 지워버리면
별들만이 하늘을 누빈다

반짝이는 모습을 보고 있으면
모두가 다 보석처럼 보이는데도
왠지 푸른 별이 저를 봐 달라한다

어제도 오늘밤도
그 별 때문에
가슴 뭉클 거리는데
시도 때도 없이 가슴에 품고
그녀만을 찾으려 헤매던 시절

밤바람이 살랑거려도
밤이면 시냇물이 조잘거려도
밤하늘에 별처럼 반짝이던 그 눈동자

지금 그녀는 가고 없어도
저것은 우리별이라던 언약 때문에
별을 보는 그리움은 이어만 진다.

보고 싶어요

서글한 눈망울이 떠올라서
가슴에 설렘을 주고 있으면
나는 당신이 보고 싶어요

그럴 땐 고개 돌려 눈감고
먼 산을 보고 있어도
항상 내 앞에 나타나는 당신

마음을 달리해 보자고
눈 속에 당신을 가두어 봐도
아무런 소용이 없네요

눈감으면 언제나 눈앞에 서있는 당신을
아무런 대책 없이 보고만 있는데요

이럴 땐 어쩐다하지요
이럴 땐 어떻게 해야 한다지요
이럴 땐 당신을 요절을 내버릴까요.

사랑하면

베란다에 핀 부겐베리아
일찍 일어나 꽃잎만질 땐
수줍어 몸을 부스스 떤다

일주일에 물 한번 주고
아침에 일어나 어루만지면
잎사귀 보다 꽃 먼저 피워
속마음을 내보이는 것을
이제야 참모습으로 알았다

이럴 땐 당신과 함께
이 아름다움을 보고 있다면
지금 우리는 어떻게 해야 할까요

언제나 늘 그래왔듯이
풍광이 저렇게 널려있어서
당신과 함께이고 싶음은
그것은 다 사랑 때문입니다.

오빠야

뒤에서 부르는 오빠야가
그것 참 여운을 남기는 대도
언제나 정겨운 부름이다

고운목소리로 불러주는
오빠야란 그 소리에
자꾸만 가슴을 설레게 하는데

비음으로 들리는 그 음성이
오빠야 하고 다시 불러주고 있으면
뜨거운 핏줄이 앞가슴 타고 내린다

그러다 다시 또 불러주면
뒤 돌아보지 않을 수 없는
나만의 오빠야 란다.

왜 그러는데

나는 아니야
절대로 그런 것은 아니야
내가 왜 그리해야 하는데
그건 네가 나를 찾지 않아서 잔아

너에게로 옮겨간 내 마음은
한 번도 돌아서지 못하고
너만을 사랑한다고 그렇게
항상 매달려 있는 것인데

진심으로 울어나는 사랑을
그렇다는 말도한번 못해보고
자꾸만 흐느적거리는 울먹임은
시간이 타고 있어 내가 그러는 것이야.

외로움

칠흑속의 풀벌레는
무슨 사연 있었기에
그리 슬피 우는지

무얼 찾으려고 그렇게
밤마다 숲속을 헤매어
어두운 적막을 깨뜨리느냐

하늘에 별들만이 너와 나를 아는 듯
애를 태우느라 깜빡거리는데도
당신은 이런 밤을 모르는가 봐요

소리 없는 목매임은
그리움으로 울다가
풀벌레와 벗을 삼는데

자꾸만 깊어 가는 밤
동녘에 배고픈 조각달이 새벽을 알린다.

찔레

진실을 말하고 있다
나는 찔레라고

오월의 하늘아래
하늘하늘 수를 놓고선

푸른 이파리에 손톱 감추고
미운님 오기를 기다렸다가
쿡쿡 찔러댄다

손가락에 아리는
붉은 망울들

얼굴에 드러낸
홍건한 눈물

그래서 나는 찔레라고
당신에게 알리고 있다.

첫눈

새벽부터 첫눈이 내리는데
세상을 덮어버리려는지
작심하고 퍼붓는다

어쩌면 당신에게도
그리고 내 마음에도
이제는 하얀 세상에다
우리들을 가두어버린다

힘들던 지난날의 기억을
하얗게 덮고 나니
지금은 날보고 그날들을
다시 그리자고 한다

몰라요
모르겠어요
그때가 언제였는데
나는 하얀 당신을 모르겠어요.

친구

내게 힘든 건 항상
몸보다 너의 마음이다

그래서 너를 생각함은
오늘도 힘을 얻는다

필을 드는 시간에도
너 있을 곳에 주파수를 던지는 더듬이는
물오른 죽순이 된다

배려를 챙기지 못한다던 내가
너에게는 순간도 놓지 않는
해바라기가 되는데

그럴 때 마다 눈시울로 부르면
나를 받쳐주는 고마운 마음
너는 그래서 나의 사랑이다.

한 여인

춘삼월 봄바람에
밤비 내리는 봄날
강물이 흐르는 언덕위로
연초록 우산 들고
마중 나온 사람

살랑살랑 돌아서 잡히는 손에
뜨거운 선혈이 흘러 다닐 때
울렁이는 참 마음을 보니
가슴에서 방망이질 처대어
심장이 넘쳐서 출렁거린다

반가움에 가슴만 비벼대니
양 볼이 홍안으로 물을 들여도
왔느냐는 말을 하지도 못하고
콩닥거리는 그 가슴에서는
알았다고 발락발락 인사를 해 댄다

사방이 쥐죽은 듯 조용해서
모두가 적막으로 둘러쳐져 있는데
가슴으로 받은 인사였기에
두 팔로 몸 인사를 하려는데
자꾸만 강물이 뒤 돌아 본다.

풀잎추억

엄마 심부름은 건성이어도
산과 들 냇가에서 어두워진 줄 모르고
뛰놀던 어린 그 시절

하늘에 뭉게구름 세알이다
풀밭에서 뛰고 뒹굴고
크로바 꽃시계 만들어
영심이 손목에 채워주었다

풀잎에 개미손님 태워서
냇물에 내려 보낼 땐 손뼉을 치며
즐거워하던 그날들

지금은 마주보며 웃음 짓던
지난날 영심이 와의
풀잎추억이 그립다.

제 5 부

오늘도 당신

가랑비처럼

가랑비에
속옷 젖는다

오는 듯
오지 않는 듯
적시는
그 사랑

한 순간 눈 떠보면
흥건히 젖어버린 가슴속
가랑비 같은 사랑.

가을에 있어 줄 사람

지긋한 나이여도 마음 통하고
비슷한 또래 아니어도 옆에 있어서
가을 시 한 수 읊어 줄 여인 있음 좋겠다

발맞추어 걸으면 어울려 저서
마주보며 웃어주고 싶어짐에
온 종일 길을 걸어 밤을 새어도
옆에 있고 싶어지는 그런 여인을

가슴에 설렘을 주면서도 편안함을 내어주는
그런 여인이 행여나 내 옆에 있어준다면
세상을 멋지게 살고 있다고 말을 해줄 것 같다

봄밤에 꽃잎 날리는 공원을 걷고
가을 뒤란의 알밤 널지는 소리에
귀 기울이는 산간 오두막이라도
뜨신 방에서 그런 여인과 둘이서
포근한 정 소곤소곤 오가면 좋겠다.

강변길

낙동강 바라보며 잡아주는 손으로
뛰는 심장소리 내 몸에 옮겨 줄 때
솜처럼 포근함으로 너를 바라보았다

스쳐간 세월의 그 자리에서
팔짱을 끼고 혼자 걸어가고 있으면
바다갈매기 끼룩끼룩 날아와
너의 빈자리 채우고 있다

묻어둔 추억의 곳간에서 문득문득
헤집고 나오는 젊음의 추억들이
발자국소리 앞질러 가고 있는데

지금 생각해 보니 그때 우리는
언덕의 제비꽃들이 보는 줄도 모르고
강변길을 몰래몰래 걸어가고 있을 때

펌프질 해 대던 너의 심장소리
내 가슴에 옮겨주려 손잡아 주면
마중나간 내 마음도 함께 뛰놀던
눈이 큰 숙이가 지금은 그리운 시간.

꽃시계

오늘도 봄은 자꾸만
산자락을 물들이며
고당봉을 오르는데

범어사 숲에서 재주부리는 등나무가
시상으로 가슴에 떠오른다

발아래 요염한 말자운영꽃*
다이아몬드로 꽃피워
푸른 융단에 꼽는데

내 손목에 하얀 꽃시계를
걸어주던 MS 여인

지금은 그 꽃시계가
그리워지는 순간.

*크로바

당신생각

어제도 오늘도
맨 날 천 날 보아도
고운 당신입니다

시도 때도 없이
발에서 얼굴까지
그러다 가슴속 까지도

마음먹은 만큼 소중해서
바라보고 들여다보고
그리합니다

맨 날
천 날
그렇게 그리워하는
나의 당신입니다.

말 않으려다가

죽지 못해
한 생을 보내다가

개미 한 마리 얼씬못하는
저 높은 언덕에서

밤바람 불어대면
당신의 빈 가슴이
자꾸만 시리거든

오늘밤도
내일밤도
다시 또
그러고 나서

다시 또 그럴 겁니다.

바시리 길

바시리* 가는 시골길에
엉컹퀴는 논두렁에서 피어
훌쩍 큰 키로 하늘하늘
바시리를 가리키는데

문평천 냇가의 둔치에도
물망초 꽃이 줄줄이 피며
대보 둑의 토끼풀꽃들은
오가는 사람 고개 숙이게 한다

바시리에 들어서면 눈치 빠른 능소화가
순심이네 집 담을 넌출 채 올라가
꽃불처럼 널름거리며 사람을 반겨주는데

십년을 수 없이 비워둔 고향이지만
저수지 둑 위에서 밤마다
하늘에 별을 보며 하모니카로
그녀를 불러내던 그리운 바시리 길이여.

*마을이름

봄 밤

늦은 밤까지 폭풍우를 대리고
그렇게도 앙살을 부리던 봄 밤
무슨 사연이 그리도 많았던 걸까

사월의 앙살은 이러는 것 아닌데
한이 매친 엄청난 몸부림을 쳐 대는
한판의 거대한 드라마를 연출하였다

성질을 일으키면 너도 그러는 것이구나
밤새워 한번쯤 다른 생각을 해 보다가
문득 사랑하던 여인을 떠 올려 본다

어제 밤 그처럼 몰아치던 봄비가
만약에 사랑하던 그 여인 이였더라면
지금 나는 어이 되어 있을까

많은 생각을 아무리 해보고 있어도
어제 밤 보던 그 앙살은 값질 수 있어
사람 따라 자연도 한번쯤 그러는 것

모든 것을 순리에 적응을 해 줘야 하듯이
멋진 품위를 간직할 수 있는 것은 항상
자연이나 여인을 다룰 수 있는 기술력이다.

2012. 5. 21

승학산

만약에 그러니까
동아대학 뒷 승학산이 거울이라면

낮에는 동아대학교를
밤에는 하단동을
거울처럼 비춰준다고 한다면

오고가는 그 학생을
윙크하던 그 여학생을
오늘도 볼 수 있겠네

그러려면 승학산아
어서 빨리 거울 되어라

윙크하던 그 여학생
낮에도 밤에도 볼 수 있도록.

오늘도 당신

당신을 보고 있으면
지난날을 자꾸만 그려 봅니다

그리하면 당신은 젊은 미모로
나는 그날의 용맹으로
우리는 그렇게 거울처럼
서로가 마주 볼 거예요

그러다 둘이는 다시
서로가 서로에게 푸욱
추억으로 젖어들 거예요

한참에서 또 한참을
그러다가 한참이 아닌
백년을 당신과 그리 하리다.

오월의 여인

오월의 바람은 여인을 붙들고
그 여인은 나를 불러내는데

그리움을 그려내는 그 마음으로
사랑의 정겨움이 찾아오면
내 가슴을 올 해도 적시고 있다

자꾸만 설레지는 가슴에서는
팔베개라도 해주고 싶어짐에
고마움으로 번진 마음이
당신을 보듬어 들인다

푸름을 알고서
찾아오는 오월의 사랑이
오늘인가 내일인가
헤아리며 찾는 황홀한 여인이여.

이불속

이불속은 햇볕도 오지 않고
절대로 촛불도 켜지 않는다

포삭포삭한 솜이불은 밤이 길고
모시 삼배이불은 낮이 길지만
사랑싸움으로 솜이불이 항상 바쁘다

주말 아닌 낮엔 한가하다가도
밤이면 전신운동으로 부산해지고
아침과 저녁에는 임무가 교차하는 곳

이불속은 너무나도 넓어서
둥근 연어가 찾아 오며는
깊은 숲속을 헤엄쳐 다니는데

사계절 시도 때도 없는 이불속은
언제나 넓은 태평양이 되어버리고
날마다 아마존의 우거진 숲이 된다.

웃는 얼굴

당신의 웃는 얼굴을 들여다보면
눈길이 가늘어질 때 아름다워지고
입술이 열리면 세상이 넓어지는
그런 웃음을 당신은 품고 있다

눈과 코에서 입으로 어우러져
많은 선으로 연결 지은 웃음들은
거기에 소우주가 열리는 것이다

웃음을 과학의 해법으로 알지 아니해도
전신에 미치는 긍정적인 효과는
얼마나 두터운지를 무엇으로 말하랴

한 생을 살아가는 삶에서
소금처럼 몸속에 녹아있지만
영롱한 오로노의 빛처럼
웃음은 행복을 터트리는 방법을 안다

지난날 짝지를 좋아하던 수줍음에
굴러가는 종이를 보고도 배꼽을 잡고
하얀 이를 활짝 열고서 눈을 감던 웃음들

그것이 당신과 함께 살아가게 하는
억만 불의 아름드리 행복이다.

자기야

사랑한다 자기야
함께 사는 사이인데
자꾸만 생뚱맞게 들린다

여태까지 살아온 삼십 여년
고것이 차곡차곡 쌓여져서
시루떡 같은 사랑이지만

눈썹 밑의 늘어진 실주름이
새록새록 영글어 감을 보니
세월이 찰싹 가슴에 담긴다

당신과 만남은 천운이고
살아감은 행복이기에
그래서 다시 또 불러보는
우리 집의 자기야.

첫비

별들이 숨어버린 새벽
설치던 잠에서 깨어
창문이 열린다

어쩌면 그 사람
몸살 털처럼 간지럽게
내리는 실비

계절은 아직 일러
봄이 아닌데
마음을 설레게 하는
첫 비가 내린다

연초록 우산 펴지 말고
신 만덕 6거리에서
우리 하늘을 마시자.

키쓰는

사랑으로 하는 키스는 어느 행위를 하던지
찰싹 붙은 엇 방향의 뼈 없는 공격인데
현란한 교통은 엄청난 황홀감을 주는 것

무의식의 화학적 반응은 후각으로 전해져
무아지경의 절정 속에서 상대의 입속에다
모든 진단을 청진기로 수집을 한 후다

자기와 다른 M H C* 의 유전자를 가진 이성을
매력으로 느끼는 까닭은 2세를 위한 것
유전적 면역력을 찾기 위해 “러브 호르몬”을
주워 담는 것이어서 더욱 그렇다

눈 감은 심장이 요동을 칠 때
가슴에서 폭죽소리가 귓전을 맴돌면
장밋빛 입술이 가까이 밀려오는 찰라
숨과 세상이 함께 멈추어 버리는 것은
짧고도 긴 둘만의 우주가 거기에 있는 것이다.

*유전자의 주 조직적 합성복합체.

그리움은

거기에 있었네

서주열 詩人 5시집

인쇄일_ 2013년 10월 1일
발행일_ 2013년 10월 5일

지은이_ 서주열
펴낸이_ 최경식
펴낸곳_ 도서출판 청옥문학사
디자인_ 문화마을

등록번호_ 제10-11-05호
E-mail_ kyu500@hanmail.net

ISBN 978-89-97805-09-9
값_ 10,000원